BEI GRIN MACHT SICH IHR WISSEN BEZAHLT

- Wir veröffentlichen Ihre Hausarbeit, Bachelor- und Masterarbeit

- Ihr eigenes eBook und Buch - weltweit in allen wichtigen Shops

- Verdienen Sie an jedem Verkauf

Jetzt bei www.GRIN.com hochladen und kostenlos publizieren

Haftungsrechtliche Regulierung der künstlichen Intelligenz

Das Produkthaftungsgesetz im Fokus

Bibliografische Information der Deutschen Nationalbibliothek:

Die Deutsche Nationalbibliothek verzeichnet diese Publikation in der Deutschen Nationalbibliografie; detaillierte bibliografische Daten sind im Internet über http://dnb.d-nb.de abrufbar.

ISBN: 9783346621221
Dieses Buch ist auch als E-Book erhältlich.

„Haftungsrechtliche Regulierung der künstlichen Intelligenz, mit dem Fokus auf das Produkthaftungsgesetz.“

Seminar zum Zivil- und Wirtschaftsrecht

Fachsemester: 5

Ort und Datum der Abgabe: den 15.03.2021

Inhaltsverzeichnis:

A. Einleitung

Die Corona Pandemie hat auch Deutschland 2020 erschüttert. Sie kam unerwartet und ohne Rücksicht auf Verluste. Das Ausmaß der Pandemie ist noch nicht ersichtlich und die Konsequenzen werden vermutlich noch über Jahre sichtbar und spürbar sein. Jetzt ist es wichtig, alle Möglichkeiten auszuschöpfen, um zu versuchen, die Pandemie so gut es geht einzudämmen. Eine nutzenstiftende Lösung könnte die künstliche Intelligenz (kurz: KI) darstellen. Von Früherkennungssystemen im Bereich Gesundheit, bis hin zu Kommunikationssystemen, bei denen Ärzte sich über Fragen zum Thema COVID-19 austauschen können oder auch Trackingsysteme, um den Mindestabstand zwischen Personen einzusehen[1]. Die künstliche Intelligenz hat viele Facetten. Dies können einige auf künstlicher Intelligenz basierte Möglichkeiten sein, um COVID-19 eindämmen zu wollen. Auch in der Rede vom 16.09.2020 von Ursula von der Leyen in der sich die EU-Präsidentin zur Lage der europäischen Union äußert, wird deutlich, dass viel auf die künstliche Intelligenz zur Bekämpfung der COVID-19 Pandemie gesetzt wird[2]. Um zu sagen, inwieweit die künstliche Intelligenz generell als Alternative zu anderen Lösungen verstanden werden kann, ist es wichtig, sich erst einmal mit dem Thema der künstlichen Intelligenz zu befassen und einen notwenigen Regulierungsrahmen im Umgang mit der künstlichen Intelligenz zu schaffen.

Im Rahmen meiner Hausarbeit: *„Haftungsrechtliche Regulierung der künstlichen Intelligenz, mit dem Fokus auf das Produkthaftungsgesetz. "*, möchte ich mich damit auseinandersetzen, was künstliche Intelligenz überhaupt ist und was von dem Regelungsgegenstand der künstlichen Intelligenz, laut meinem Verständnis, mitinbegriffen ist. Zudem habe ich mir die Aufgabe gestellt, zu untersuchen, inwieweit haftungsrechtliche Konsequenzen, gerichtet auf die Haftungsfrage bestehen, die es zu regulieren bedarf. Des Weiteren habe ich mir die Frage gestellt, inwiefern der aktuelle Rechtsrahmen für fehlerhafte Produkte ausgestaltet ist. Dazu habe ich mich mit dem Produkthaftungsgesetz auseinandergesetzt. Eine Frage, die ich durch meine Hausarbeit näher beleuchten will, befasst sich damit, wann ein autonomes Verhalten der künstlichen Intelligenz vorliegt, welches zwar von dem Hersteller nicht gewollt war, aber dennoch nicht auszuschließen ist. Daher gehe ich auch darauf ein, wann beim Eintritt dieses Falls, ein Schaden vorliegt, welcher durch eine fehlerhafte künstliche Intelligenz verursacht wurde. Ebenfalls befasse ich mich mit den Haftungsadressaten, welche generell zum Haftungssubjekt

---

[1] Vgl. *Plattform Lernende Systeme*, KI-basierte Lösungen, https://www.plattform-lernende-systeme.de/corona.html, Stand: 01.02.2021
[2] Vgl. *Europäische Kommission*, Rede von der Leyens zur Lage der Union, https://ec.europa.eu/commission/presscorner/detail/de/SPEECH_20_1655, Stand: 01.02.2021

gemacht werden könnten. Des Weiteren stelle ich zwei weitere Haftungsarten gegenüber und gebe abschließend Erkenntnisse über weitere mögliche Lösungen der Haftungsfrage preis. Zum Schluss fasse ich noch einmal in meinem Fazit meine Erkenntnisse zusammen und stelle einen Ausblick dar, worauf der Fokus in Zukunft bei der haftungsrechtlichen Beurteilung liegen sollte.

B. Regulierungsgegenstand KI

Um eine Aussage über die Haftung der künstlichen Intelligenz zu geben, ist es wichtig den Regulierungsgegenstand *Künstlicher Intelligenz* näher zu bestimmen. Hier fällt auf, dass eine abschließende Definition, oder gar eine Legaldefinition nicht vorliegt. Vielmehr handelt es sich bei den Definitionen, welche man über das Thema finden kann, um verschiedene Auffassungen aus den unterschiedlichsten Bereichen. Die Frage nach einer allumfassenden Definition der künstlichen Intelligenz, auf die sich alle daran beteiligten Einheiten einigen können, erweist sich als schwierig. Eine wichtige Regulierungsgrundlage bildet das Weißbuch der künstlichen Intelligenz, welches im Rahmen des Digitalprogramms der Europäischen Kommission am 19.02.2020 für einen transparenteren und verbindlichen Umgang mit der künstlichen Intelligenz veröffentlicht wurde[3]. Die Definition, welche ich zur Betrachtung der KI als Regulierungsgegenstand verwende, definiert die künstliche Intelligenz so: „Künstliche Intelligenz, Internet der Dinge und Robotik weisen viele gemeinsame Merkmale auf. Sie können Konnektivität, Autonomie und Datenabhängigkeit miteinander verknüpfen, um Aufgaben ohne oder nur mit geringer menschlicher Steuerung oder Aufsicht auszuführen. KI-gestützte Systeme können zudem ihre Leistung verbessern, indem die aus Erfahrungen lernen. Ihre Komplexität spiegeln sich sowohl in der Vielfalt, der an der Lieferkette beteiligten Wirtschaftsakteure als auch in der Vielzahl der Komponenten, Teilen, Software, Systemen oder Dienstleistungen wider, die zusammen die neuen technologischen Ökosysteme bilden. Hinzu kommt die Offenheit für Aktualisierungen und Verbesserungen nach der Markteinführungen dieser Technologien. Die enormen beteiligten Datenmengen, der Rückgriff auf Algorithmen und die Opazität der KI-Entscheidungsfindung erschweren die Vorhersage des Verhaltens eines KI-geschützten Produkts und das Verständnis der potenziellen Schadensursachen. Schließlich können Konnektivität und Offenheit KI-Produkte und IoT-Produkte anfällig für Cyberbedrohungen machen."[4] Im Rahmen meiner Hausarbeit möchte ich mich auf die Definition einer KI beziehen, bei sich die KI-

---

[3] Vgl. *Hacker*, NJW 2020, S. 2142 (S. 2142)
[4] *Von Westphalen*, VuR 2020, S. 248 (S. 248)

Technologien in der Form, sich selbst steuernder Systeme, ohne Aufsicht und Einflussnahme des Menschen, ändern können. Diese Methode wird als maschinelles Lernen bezeichnet[5]. Sie grenzt sich dahingehend von den regelbasierten Systemen[6] ab, dass sie durch einen Grad an Autonomie gekennzeichnet ist und eben nicht ausschließlich nach klar definierten Algorithmen beziehungsweise Handlungsmustern agiert. Demnach reagiert ein selbstlernendes System eigenständig auf Reize der Umwelt, welche von dem System erkannt werden. Die Einflussnahme durch den Anwender und durch den Entwickler sinken, da sie die KI-Technologie autonom verhält. Das selbstlernende System agiert eben nach eigens definierten Handlungsmuster. Problematisch bei den selbstlernenden Agenten erweist sich, dass die Möglichkeiten des Verstehens der Handlungsweisen der KI, insbesondere in Bezug auf die Beweislast, sinken. Die selbstlernenden Systeme lassen sich danach unterscheiden, dass sie einmal in Form selbstständiger Algorithmen und in der Ausprägung künstlicher neuronaler Netze vorliegen können. Künstliche neuronale Netze agieren unter der Verknüpfung der einzelnen Nervenzellen untereinander. Bei den künstlichen neuronalen Netzen handelt es sich im Gesamten nicht um einen Algorithmus. Das wird deutlich, da die neuronalen Netze eben nicht vorbestimmt handeln, was bei einem Algorithmus in der Regel der Fall ist.[7]

C. Haftungsrechtliche Herausforderungen der KI-Regulierung

Die Regulierung der KI findet ihre Notwendigkeit, anknüpfend an die verschiedenen Probleme, in ihrer Ausdehnung bzw. der unterschiedlichen Ausbringungsformen. Zudem erschwert die doch noch immer herrschende Ungewissheit und Unerklärbarkeit der einzelnen KI-Technologien, die Möglichkeit einen geeigneten Haftungsrahmen zu finden. Das Wort *Autonomie* steht im Fokus der Betrachtung. Die KI, nach meinem Verständnis, kann sich auch nach dem In-Verkehr-Bringen, selbstständig weiterentwickeln und dies ohne menschliche Steuerung, Aufsicht oder Einflussnahme. Das Agieren der autonome KI-Technologie erfolgt daher oft unbeherrschbar gegenüber dem Hersteller sowie dem Anwender, nicht deterministisch und relativ risikobehaftet. Hierbei können sich implizit Fragen in Bezug auf die Zurechnung des Schadens auf den Haftungsadressaten ergeben. Im Hinblick auf die Komplexität der KI wird deutlich, dass sich durch die zunehmende Einbettung der KI in Hardware oder auch die Vernetzung der KI mit anderen Produkten, Daten oder Diensten (IoT), Fragen in Bezug auf die Beweisbarkeit,

---

[5] Vgl. *Zech*, ZfPW 2019, S. 198 (S. 200)
[6] Vgl. *Unger*, ZRP 2020, S. 234 (S. 235)
[7] Vgl. *Zech*, ZfPW 2019, S. 198 (S. 198-202)

Kausalität und Zurechnung ergeben[8]. Ein Austausch der Daten, wie bei sich selbststeuernden Fahrzeugen, bei denen Daten bezüglich der aktuellen Verkehrslage, dass Auto dazu bewegen können, eine alternative Route zu nutzen, stellen nur ein Beispiel dar, um zu zeigen, wie essenziell die geeignete Auswahl der Daten zu erfolgen hat. Die Komplexität einer KI zeigt sich auch dahingehend, dass viele verschiedene Akteure an dem Entwickeln beteiligt sein können und somit die Zurechnung der fehlerhaften KI auf einzelne Akteure schwierig zu beweisen sei. Hierbei spielt auch die Multikausalität eine entscheidende Rolle, bei der an der schadensstiftenden KI mehrere Akteure oder Prozesse beteiligt, und somit auch die Ursache für das Fehlverhalten der KI sein können. Unterschieden werden kann zwischen kumulativer und alternativer Kausalität (§830 Abs.1 S.2 BGB). Bei der alternativen Kausalität nach §830 Abs.1 S.2 BGB reicht es aus, dass jede einzelne Voraussetzung für sich, bereits zum Schadenseintritt geführt hätte.[9] Folglich wird gesamtschuldnerisch gehaftet (ProdHaftG: §5 S.1 ProdHaftG). Eine kumulative Kausalität liegt vor, wenn die unabhängigen Voraussetzungen zusammen, zum Eintritt des Schadens geführt haben. Problematisch ist auch der Mangel an Transparenz der KI. Dies zeigt sich durch den sogenannten „Black-Box-[Effekt]"[10] macht es dem Betreiber bzw. Geschädigtem schwer, die Kausalität zwischen Fehler, Rechtsgutverletzung und Schaden nachzuweisen und notweniges Hintergrundwissen über die Funktionsfähigkeit der KI zu erlangen. Angemerkt wird oft, dass die Möglichkeit bestehen könnte, dass die Hersteller dazu verpflichtet werden können, im Falle einer Fehlerhaftigkeit der KI sich gegenüber der KI-Technologie offen zu verhalten. Dadurch gelingt es dem Geschädigtem gegenüber Informationen zur Verfügung zu stellen, damit dieser die Beweislast führen kann. Diese Möglichkeit kann steigendes Vertrauen der KI-Nutzer gegenüber der KI-Technologie schaffen, da sie ihm Schadensfall, nicht ganz allein dastehen.[11] Die Freiheit der KI gegenüber Aktualisierungen und nachträglichen Veränderungen[12], in Bezug auf den Zeitpunkt des In-Verkehr-Bringens kann ebenfalls Anlass sein, um auf Probleme bei der Beurteilung der Haftungsfrage für etwaige Fehler zu stoßen. Durch die sich selbstständig ändernde KI, ist es fraglich, inwieweit die Fehler nach dem Zeitpunkt des In-Verkehr-Bringens ebenfalls dem Entwickler (Lieferant, Hersteller) aufgelastet werden sollen. Hierbei könnte zu bestimmen sein, ob das Abstellen der Fehlerhaftigkeit auf den Zeitpunkt des In-Verkehr-Bringens nach §1 Abs. 2 Nr. 2 ProdHaftG etwa geändert werden soll. Da das Produkthaftungsrecht keine Produktbeobachtungspflichten beinhaltet, ist es schwierig zu

---

[8] Vgl. *Steege*, NZV 2021, S. 6 (S.6)
[9] Vgl. *Zech*, ZfPW 2019, S. 198 (S. 207-208)
[10] *Von Westphalen*, VuR 2020, S. 248 (S. 252)
[11] Vgl. *von Westphalen,* VuR 2020, S. 248 (S. 252)
[12] Vgl. *von Westphalen*, VuR 2020, S. 248 (S. 253)

beantworten, welche Pflichten der Hersteller einer KI, auch nach dem In-Verkehr-Bringen, erfüllen soll.

D. Haftung nach dem Produkthaftungsgesetz

An den Haftungsrahmen der KI müssen aufgrund der vielen Einflussmöglichkeiten ausreichende Anforderungen gestellt werden.

Fraglich ist, inwieweit eine Haftung der KI nach dem Produkthaftungsgesetz ausgestaltet werden kann? Um diese Frage allumfassend zu beantworten, ist ein Blick auf die Tatbestandsvoraussetzungen der Rechtsgrundlage nötig. Durch die Tatbestandsvoraussetzungen kann der Anspruch auf Zahlung von Schadensersatz aus dem Produkthaftungsgesetz (§ 1 Abs.1 ProdHaftG) entstanden sein. Bei der Produkthaftung handelt es sich um eine Gefährdungshaftung, bei der verschuldensunabhängig gehaftet wird. Gemäß § 1 S.1 ProdHaftG haftet der Hersteller für ein fehlerhaftes Produkt, von dem ein Schaden an den Rechtsgütern (Gesundheit, Körper, Leib, Eigentum §§903 ff. BGB und Besitz §§854 ff. BGB) des Geschädigten ausgeht. Erkenntlich wird auch dadurch, dass nicht nur Schäden materieller Art, mit in den Schutzbereich des § 1 Abs.1 ProdHaftG fallen, folglich stellen auch Schäden immaterieller Art nach §§249 ff. BGB (insbesondere §253 Abs.1 BGB), wie etwa Verletzungen des Körpers oder der Gesundheit negative Konsequenzen für den Geschädigten dar. § 1 S.2 ProdHaftG bestimmt das Rechtsgut Eigentum dahingehend näher, dass es sich hierbei nicht um das mit Fehlern behaftete Produkt handeln darf und dieses Produkt nur zum Ver- und Gebrauch des Geschädigten regelmäßig verwendet wurde. Für das fehlerhafte Produkt sind Gewährleistungsansprüche geltend zu machen. Weiterhin muss ein fehlerhaftes Produkt vorliegen und der Hersteller oder Lieferant muss auf der Haftungsgegenseite stehen. Der Anspruch auf Schadensersatz kann gegebenenfalls auch erlöschen, sofern Verjährung eintritt. Dies ist im ProdHaftG nach § 12 Abs. ProdHaftG unter anderem der Fall, wenn von dem Zeitpunkt der Kenntnisnahme oder der nötigen Kenntnisnahme des Geschädigten, von dem Schaden, dem Fehler und dem Schädiger drei Jahre vergangen sind. Nach § 13 Abs.1 S.1 ProdHaftG erlischt der Anspruch auf Schadensersatz gegenüber dem Geschädigtem, zehn Jahre nach dem In-Verkehr-Bringen des Produkts durch den Hersteller.

I. Produkt

Das Produkt wird gemäß §2 ProdHaftG als eine bewegliche Sache oder als ein Teil einer unbeweglichen oder beweglichen Sache näher beschrieben. Wohingegen zusätzlich das Phänomen Elektrizität mit in die Legaldefinition nach dem ProdHaftG aufgenommen wird. Im Rückschluss auf §90 BGB ist eine Sache, jeder körperliche Gegenstand. Erkennbar wird, dass gerade nach §90 BGB auf die physische Natur der Sache abgestellt wird. Problematisch wird es, bei der Frage, ob die Software oder auch eine durch KI begleitete oder gesteuerte Dienstleistung in den Produktbegriff fällt. Argumentieren lässt sich damit, dass die Software oder auch die Dienstleistung häufig als Teil einer beweglichen Sache, folglich eines Produkts, anzusehen sei und demnach unter den Rechtsbegriff eingliedert werden müsse[13]. Die Software ist notwendig, um dem Produkt innezuwohnen und es in seiner Funktionsfähigkeit zu steuern. Auch wenn man davon ausgeht, dass sich die Software auf einem physischen Speichermedium (CD, DVD, USB-Stick) befindet, kann die Software als Teil eines Produktes angesehen werden. Das eigentliche Produkt würde dann das Speichermedium darstellen, welches mit einer unbeweglichen Sache, der Software, verbunden ist.[14] Beispiele, die hier angeführt werden können, sind unter anderem Staubsaugerroboter, die mit einer Software ausgestattet sind, damit das Gerät einen selbstständigen Putzvorgang durchführen kann. Hierbei ist die Software ein Bestandteil des Saugroboters, um diesen zu steuern. Es wird deutlich, wie das Produkt und die Software unmittelbar miteinander verbunden sind. Die Technologien der künstlichen Intelligenz zeichnen sich durch einen hohen Grad an Komplexität aus, da die Software und ebenfalls auch die Dienstleitung oftmals in einer vernetzt sind durch Produkte. Allerdings ist es schwierig zu betrachten, was passiert, wenn die Software sich online herunterladen lässt. Dann kann laut der Definition des ProdHaftG nicht so einfach von einem Produkt ausgegangen werden. Ähnlich verhält es sich bei Dienstleistungen. Oft wird damit argumentiert, wenn „[...] die Software maschinensteuernden Charakter [...]."[15] haben, könnte von einer Bejahung des Produktbegriffs nach §2 ProdHaftG ausgegangen werden.

II. Fehlerhaftigkeit

Weiterhin ist es nötig, dass das Produkt fehlerbehaftet sei. Ein fehlerhaftes Produkt liegt nach §3 Abs.1 ProdHaftG vor, wenn das Produkt zum Zeitpunkt des In-Verkehr-Bringens nicht die objektive Sicherheit bietet, mit der der Anwender billigend rechnen darf und die dem Hersteller

---

[13] Vgl. *Seehafer/Kohler*, EuZW 2020, S. 213 (S. 214)
[14] Vgl. *Steege*, NZV 2021, S. 6 (S. 7)
[15] *Zech*, ZfPW 2019, S. 198 (S.212)

zugemutet werden kann. Unter einer „[…] Nutzen-Risiko-Abwägung […].“[16] wird auf die Sicherheitsstandards abgestellt, die einerseits der Geschädigte erwarten kann und auf der anderen Seite von dem Hersteller verlangt werden darf.[17] Die Beweislast (§ 1 Abs.4 S.1 ProdHaftG) liegt bei dem Geschädigten, weshalb er dazu den verpflichtet ist, den Fehler, den Schaden und den Kausalzusammenhang zwischen den beiden Elementen nachzuweisen. Von der Fehlerhaftigkeit wird zudem nur ausgegangen, insoweit der Geschädigte bestimmungsgemäß, fälschlicherweise bestimmungswidrig, aber eben nicht missbräuchlich gehandelt hat. Demnach wird auch eine versehentliche Falschanwendung mit in den Haftungskreis aufgenommen, die von dem Hersteller, aufgrund des Stands von Wissenschaft und Technik, vorhersehbar war.[18] Fehlerhaft ist ein Produkt nach §3 Abs.2 ProdHaftG nicht, wenn nach dem In-Verkehr-Bringen ein besseres Produkt auf den Markt gebracht wird. Hier wird lediglich auf den Zeitpunkt des In-Verkehr-Bringens abgestellt. Die nachträgliche Verbesserung eines Produkts im Sinne einer "2.0 Auflage", soll den Hersteller natürlich nicht zulasten des ersten Produkts negativ auferlegt werden. Angemerkt wird auch oft, inwieweit von einem Missbrauch des Produkts gesprochen werden kann, wenn die missbräuchliche Verhaltensweise für den Hersteller vorhersehbar war und demnach schon öfter bei dem Produkt oder artverwandten Produkten aufgetreten sei. In dem Zusammenhang ist fraglich, ob der Hersteller dann für ein fehlerhaftes Produkt haften muss.[19] Dr. Phillip Hacker, Professor an der ENS Frankfurt, geht davon aus, dass wenn die KI sicherer sei als die Ausführung der erbrachten Leistungen eines Systems durch den Menschen, soll nicht von einem Fehler, wenn sich dieser ergibt, ausgegangen werden. Dies lässt sich damit begründen, dass das Risiko, welches sich bei der Ausführung der jeweiligen Aufgabe durch den Menschen ergibt, bereits hingenommen wird. Hier ist es allerdings wichtig, dass eine risikobehaftete KI-Technologie regelmäßig überwacht wird. Produktbeobachtungspflichten sind allerdings im Produkthaftungsgesetz nicht vorgesehen.[20] Von einem fehlerhaften Produkt kann ebenfalls ausgegangen werden, wenn durch das Produkt, Schäden an erheblich schützenswerten Rechtsgütern, wie etwa der Gesundheit oder dem Leben entstehen könnten. Diese Aussage wird vom EuGH damit untermauert, dass ein Eintritt des Schadensfalls viel zu riskant sei für die betroffene Person. Wichtig ist, dass eingeschätzt wird, inwieweit das betroffene Rechtsgut schützenswert sei, um dann zu schauen, ob der Betroffen durch die Nichtnutzung des fehlerhaften Produkts besser oder schlechter gestellt sei. Dadurch kann eine Ausfallquote ermittelt

---

[16] *Seehafer/Kohler*, EuZW 2020, S. 213 (S. 215)
[17] Vgl. *Seehafer/Kohler*, EuZW 2020, S. 213 (S. 215)
[18] Vgl. *Bräutigam/ Klindt*, NJW 2015, S. 1137 (S. 1141)
[19] Vgl. *Bräutigam/Klindt*, NJW 2015, S. 1137 (S. 1142)
[20] Vgl. *Hacker*, NJW 2020, S. 2142 (S. 2145)

werden, mit der es gelingt, zu definieren, wann ein Fehler an dem Produkt vorliegt, ohne es vorher wirklich in Gebrauch genommen zu haben.[21] Je schützenswerte die Rechtsgüter der Nutzer des Produktes sind, desto größere Anforderungen werden an die Sicherheit des Produktes gestellt und desto geringer ist die Schwelle, ab wann von einem fehlerhaften Produkt gesprochen werden kann. Anhand der Fehlerhaftigkeit eines Produktes lassen sich verschiedene Arten von Fehlern differenzieren, die bis zum In-Verkehr-Bringen an dem Produkt auftreten können.

1) Entwicklungsfehler

Ein Entwicklungsfehler wird grundsätzlich nicht vom ProdHaftG gemäß §1 Abs.2 Nr.5 ProdHaftG erfasst, wenn er nach dem Stand von Wissenschaft und Technik nicht zum Zeitpunkt des In-Verkehr-Bringens durch den Hersteller hätte erkannt werden können. Nichtsdestotrotz gibt es auch hier Meinungen, dass ein Schaden, durch einen sich selbständernden Algorithmus keinen Entwicklungsfehler darstellt[22]. Weitere Informationen finden sich unter Absatz aa) Zeitpunkt des In-Verkehr-Bringens.

2) Konstruktionsfehler

Der Konstruktionsfehler an einem Produkt liegt immer dann vor, wenn das Produkt nicht so gefertigt wurde, dass es unter objektiven Gesichtspunkten sicher von dem Anwender genutzt werden kann. Ein Konstruktionsfehler findet ebenfalls dann Anwendung, wenn das Produkt nicht die Sicherheitsstandards erfüllt, mit denen der Hersteller wirbt oder die sein Produkt auszeichnen.[23]

3) Fabrikationsfehler

Hingegen der Fabrikationsfehler dann Anwendung findet, wenn einzelne Bauteile bzw. Bestandteile der KI-Technologie nicht ordnungsgemäß angefertigt wurden.[24] Durch die zunehmende Komplexität der KI und explizit ihre Einbettung in andere Systeme, erweist sich eine Betrachtung des Fabrikationsfehlers als schwierig. Grundsätzlich liegt demnach ein Fabrikationsfehler immer dann vor, wenn ein Bauteil, welches für die KI als Gesamtes genutzt wird, fehlerhaft war. Wenn dann von der KI ein Schaden ausgeht, haftet auch der Hersteller der KI, da er ebenfalls die Verantwortung für die einzelnen Bauteile, zumindest in dem Zusammenhang

---

[21] Vgl. *Steege*, NZV 2021, S. 6 (S. 9-10)
[22] Vgl. *Zech*, ZfPW 2019, S. 198 (S. 213)
[23] Vgl. *Steege*, NZV 2021, S. 6 (S. 8)
[24] Vgl. *Steege*, NZV 2021, S. 6 (S. 8)

trägt, wie sie für die KI notwendig sind. Eine gesamtschuldnerische Haftung nach §5 ProdHaftG kann ebenfalls Anwendung finden.

4) Instruktionsfehler

Ein Instruktionsfehler an einem fehlerhaften Produkt zeigt sich dahingehend, dass der Hersteller mangelhafte Sorgfalt im Umgang mit Produktinformationen gegenüber dem Geschädigten walten lässt. Beispiele hierfür wären, dass bei dem Produkt keine Gefahrenhinweise, Bedienungsanleitungen oder sonstigen Informationen zu finden sind, die dem Nutzer darüber aufklären, welche Gefahren von dem Produkt ausgehen könnten.[25] Auch wenn die Instruktionspflichten Bestandteil der Verkehrssicherungspflichten nach §823 Abs.1 BGB sind, lässt sich diese Art von Fehlerkategorie auch bei der Produkthaftung anwenden. Kommt es dazu, dass ein Anwender der KI aufgrund unzureichender Informationen die KI nicht anwendet, wie sie vorgesehen war und dadurch Fehler an seinen Rechtsgütern entstehen, weil die KI sich fehlerhaft verhält, ist der Hersteller zum Ersatz des daraus entstandenen Schadens verpflichtet.

a) Notwendige Sicherheitsanforderungen

Die Sicherheitsanforderungen, die gefordert werden dürfen, richten sich nach dem Stand von Wissenschaft und Technik, bezogen auf den Zeitpunkt des In-Verkehr-Bringens des Produkts gemäß §1 Abs.2 Nr. 5 ProdHaftG. Unter der „[…] Nutzen-Risiko-Abwägung […].“[26] wird geprüft, inwieweit alternative Lösungen in Bezug auf die Leistungen des Produktes vorliegen, welche weniger schadensstiftend und risikobehaftet sind. Die Sicherheitsanforderungen müssen dem Hersteller gegenüber zumutbar sein und dürfen nicht über dieses Maß hinausgehen. Unter der „[…] Nutzen-Risiko-Abwägung […].“[27] kann es auch sein, dass ein Produkt nicht in den Verkehr gebracht wird, weil die Risikobehaftung des Produkts zu groß sei, und die vertretbaren und zumutbaren Sicherheitsvoraussetzungen des Herstellers zu sehr ins Gewicht fallen würde. Zur Bewertung der geforderten Sicherheitsanforderungen, können gegebenenfalls auch regulatorische Sicherheitsanforderungen oder spezielle Standards dienen, die dabei helfen sollen, einzuschätzen, welche Sicherheitsanforderungen auch von dem Entwickler gefordert werden dürfen. Hierbei muss aber zu beachten sein, dass der Hersteller der KI, die regulatorischen Auflagen, auch durch andere gleichwertige Sicherheitsmaßnahmen ersetzen kann.[28]

---

[25] Vgl. *Steege*, NZV 2021, S.6 (S. 10)
[26] *Seehafer/Kohler*, EuZW 2020, S. 213 (S. 215)
[27] *Seehafer/Kohler*, EuZW 2020, S. 213 (S. 215)
[28] Vgl. *Seehafer/Kohler*, EuZW 2020, S.213 (S. 215)

aa) Zeitpunkt des In-Verkehr-Bringens

Grundsätzlich wird darauf abgestellt, dass ein Fehler an einem Produkt zum Zeitpunkt des In-Verkehr-Bringens vorliegen muss nach §1 Abs.2 Nr.2 ProdHaftG. Diese Annahme trifft bei selbststeuernden Algorithmen in den Bereich einer Grauzone. Die sich selbststeuernden Algorithmen können sich jederzeit ändern. Der Mangel an Transparenz und Opazität macht es schwierig, die Frage nach der Fehlerhaftigkeit des Produkts ohne große Probleme zu lösen. Oft wird davon ausgegangen, dass dem Produkt der sich verändernde Algorithmus bereits während des In-Verkehr-Bringens innewohnt. Des Weiteren wird darauf abgestellt, dass der Hersteller von der Eigenschaft des Produktes wisse, den Algorithmus unbeherrschbar und ohne menschlichen Einfluss zusteuern. Demnach wird davon ausgegangen, dass in der Möglichkeit des Algorithmus sich selbstständig zu ändern, ein Konstruktionsfehler nach §3 Abs.1 ProdHaftG vorliegt.[29] Diese Argumentation hat auch dort nicht ihre Grenzen, wenn nach dem Maßstab von Wissenschaft und Technik der Hersteller nicht einsehen konnte, dass abgestellt auf den Zeitpunkt des In-Verkehr-Bringens ein Fehler an dem Produkt vorliegt. Der nach §1 Abs.2 Nr.5 ProdHaftG initiierte Entwicklungsfehler findet keine Anwendung, da die Eigenschaft des selbstlernenden Algorithmus als solches, bereits vor seinem In-Verkehr-Bringen dem Hersteller gegenüber bekannt war.

E. Haftungsadressaten

Im Bereich der Haftungsadressaten lässt sich die Anwender- von der Produzentenseite unterscheiden. Auf der Seite der Anwender oder auch Nutzen der KI-Technologie bestehen die Möglichkeiten, dass der „[…] Eigentümer, Bediener oder auch Betreiber […].“[30] einer KI für Schäden haften soll, die von jener ausgehen. Hingegen auf der Produzentenseite die Haftung auf den Hersteller gemäß §4 Abs.1 f. BGB oder auf den Lieferanten nach §4 Abs.3 BGB delegiert werden kann. Grundsätzlich haftet nach §1 Abs.1 ProdHaftG der Hersteller für Schäden durch sein Produkt. Nach §4 Abs.1 S.1 ProdHaftG kann der Hersteller auch derjenige sein, der das Endprodukt, einen Grundstoff oder ein Teil des Produktes gefertigt hat. Nach §4 Abs.1 S.2 ProdHaftG und §4 Abs.2 ProdHaftG gibt es noch weitere Möglichkeiten, in denen eine Person als Hersteller zu deklarieren sei. Auf der anderen Seite steht die Gruppe der Anwender einer KI. Ihnen wird grundsätzlich eine noch geringere Beeinflussung der KI, gerade auch im

---

[29] Vgl. *Zech*, ZfPW 2019, S. 198 (S. 213)
[30] *Borges*, NJW 2018, S. 977 (S. 980)

Schadensfall zugemutet, weshalb die Rechtsprechung toleranter gegenüber Pflichtverletzungen ist, als es bei professionellen Bedienern, Herstellern, Entwicklern oder Lieferanten der Falls sei. Ein Beispiel, welches hier angemerkt werden kann, zeigt sich auf dem Gebiet des autonomen Fahrens. Dem Fahrer dieses Fahrzeugs ist es üblicherweise weit aus weniger möglich, die Hintergründe und Zusammenhänge des autonomen Fahrens zu verstehen. Die Beherrschbarkeit würde zudem mit einem hohen Grad an Autonomie abnehmen, weshalb es für einen Betreiber schwierig wäre, in Gefahrensituationen auf das Auto einzuwirken. Bei professionellem Betreiber wird regelmäßig von einem höheren Grad an Einflussmöglichkeit, Steuerungsfähigkeit und Hintergrundwissen in Bezug auf die KI-Technologie ausgegangen.[31] Wie bereits in Kapitel C angesprochen, kann nach §830 Abs.1 S.2 BGB eine Haftung des KI-Anwenders der KI erfolgen, insofern er ebenfalls am Schadenseintritt maßgeblich mitgewirkt hat. Eine Möglichkeit, bei der die Haftung auf den Anwenderkreis, sowie den Entwicklerkreis einer KI delegiert wird, liegt im Rahmen einer Pflichtversicherung für KI-Systeme. Mehr Information über die Pflichtversicherung als Lösung auf die Haftungsfrage in Kapitel G. Nach §6 Abs.1 ProdHaftG kann dem Geschädigtem ein Mitverschulden angehaftet werden, wenn er zu Eintritt des Schadens beigetragen hat. Gemäß §254 Abs.1 BGB haftet der Geschädigte dann demnach, wie der Schaden überwiegend von ihm oder der anderen Partei verschuldet wurde, oder er den Schaden dem Beschuldigten nicht mitgeteilt hatte, sofern dieser ihn nicht kennen konnte (§254 Abs.2 BGB). Dieses Mitverschulden des Geschädigten mindert die Haftung des Herstellers und Lieferanten nach §6 Abs.1 ProdHaftG. (im Falle des ProdHaftG).

F. Weitere Arten der Haftung

I. Produzentenhaftung

Bei der Produzentenhaftung oder auch deliktischen Verschuldenshaftung nach §823 Abs.1 BGB muss derjenige, dem Geschädigten den Schaden ersetzen, der eines seiner geschützten Rechtsgüter (Leben, Körper, Gesundheit, Freiheit, Eigentum, sonstige Rechte) vorsätzlich oder fahrlässig verletzt hat. Verschulden wird hier vorausgesetzt. Eine Haftung im Sinne der KI lässt sich mit der Produzentenhaftung schwierig beweisen, wenn dem Hersteller kein Verschulden nachgewiesen werden kann, etwa dann, wenn er den Schaden, der durch die Verletzung seiner Handlungspflicht entstanden sei, vor dem In-Verkehr-Bringen nicht einsehen konnte. Das Verschulden zu bejahen, findet nur dann Anwendung, wenn der Hersteller

---

[31] Vgl. *Zech*, ZfPW 2019, S. 198 (S. 213)

Verkehrssicherungspflichten- oder Ordnungspflichten außer Acht gelassen hat. Auch bei der Verschuldensfrage im Zusammenhand mit „[…] Big-Data-Analysen […].“[32], mit deren Aussagekraft es gelingen soll, reproduzierend Tendenzen über eine Grundgesamtheit zu geben. Fraglich ist hier allerdings, wie der Haftungsrahmen ausgestaltet werden soll, wenn aufgrund der fehlerhaften Daten, Aussagen getroffen werden und sich diese Feststellungen negativ auswirken.[33] Ein Verschulden kann hier oftmals nicht angemerkt werden, da schwierig zu beurteilen ist, wo die Fahrlässigkeit oder der Vorsatz ansetzen soll. Vorteilhaft erweist sich die Produzentenhaftung nach §823 Abs.1 BGB gegenüber der Produkthaftung nach § 1 Abs.1 ProdHaftG auch, da sie Möglichkeiten zur Beweislastumkehr gemäß §831 Abs.1 S.2 BGB schafft. Demnach kann sich der Haftende entlasten, wenn er den Umständen entsprechend beweist, dass er keine Sorgfaltspflichten außer Acht gelassen hat, und ihm somit kein Verschulden nach §276 Abs.1 BGB vorgeworfen werden kann. Hierbei wird darauf abgestellt, dass vermutet wird, dass eine Verkehrspflichtverletzung ursächlich für den Schaden eines Rechtsguts des Geschädigten war. Der Sorgfaltsanstoß richtet sich dabei nicht an die Auswahl des Verrichtungsgehilfen, sondern daran, dass die KI für die Umwelt möglichst risikoscheu ist.[34] Ein signifikanter Unterschied zwischen der Produzentenhaftung nach §823 Abs.1 BGB und der Produkthaftung gemäß § 1 Abs.1 ProdHaftG bilden die Produktbeobachtungspflichten der Produzentenhaftung. Die Produktbeobachtungspflichten schützen einerseits den Hersteller dahingehend, dass er die Möglichkeit besitzt, durch die Beobachtung seiner Produkte, Fehler an ihnen zu erkennen und schnellstmöglich zu handeln. So gelingt es ihm gegebenenfalls Schäden zu minimieren, bei Produkten, die noch nicht auf den Markt gekommen sind. Andererseits schützt es auch den möglichen Nutzer des Produktes, da ihm Fehler ausgehend von dem Produkt bewusst gemacht werden, noch bevor sie gegebenenfalls bei ihm auftreten. Zudem gibt es keine Schwierigkeiten bei der Beurteilung der Frage, inwieweit nicht körperliche Produkte (Software) ebenfalls von dem Haftungstatbestand mit ein beschlossen sind. Bei der Produzentenhaftung kommt es eben hauptsächlich auf die Pflichtverletzung, den Schaden an dem geschützten Rechtsgut zulasten des Schädigers und der Kausalität zwischen den Tatbestandsmerkmalen an. Von einem fehlerhaften Produkt ist nicht explizit die Rede.

---

[32] *Bräutigam/Klindt*, NJW 2915, S. 1137 (S. 1139)
[33] Vgl. *Bräutigam/Klindt*, NJW 2015, S. 1137 (S. 1139)
[34] Vgl. *Zech*, ZfPW 2019, S. 198 (S. 211)

II. Kausalhaftung

Eine weitere Art der Haftung bildet die Kausalhaftung. Bei der Kausalhaftung ist es nicht nötig, dass ein Verschulden nach §276 Abs.1-3 BGB vorliegt. Die Kausalhaftung des Herstellers beruht darauf, dass ein Schaden vorliegen muss. Dieser Schaden muss in der Einflusssphäre des Schädigers liegen, aber nicht selbst vom Haftenden verursacht wurden sein und weiterhin ist eine Kausalität zwischen widerrechtlicher Handlung, Rechtsgutverletzung und Schaden nötig. Ein Beispiel für die Kausalhaftung wäre die Luxustierhalterhaftung nach §833 S.1 BGB. Hierbei haftet der Tierhalter für Schäden seines Tieres, welches nicht zu seinem Unterhalt oder Erwerb dient (§833 S.2 BGB). Demnach weist die Kausalhaftung Ähnlichkeiten zu der verschuldensunabhängigen Gefährdungshaftung auf. Unterscheiden lassen sich die beiden Arten der Haftung dahingehend, dass durch die Kausalhaftung kein gefährlicher Betrieb (Fahren eines Autos) eröffnet werden muss. Die Kausalhaftung findet allerdings nur Anwendung, wenn es für den Haftungsadressaten möglich ist, die Risiken ausgehend von dem Produkt (bezogen auf das ProdHaftG) im Vorhinein für ihn einzusehen und er demnach Steuerungsmöglichkeiten in Bezug auf den Fehler hatte[35]. Durch die zunehmende Autonomie der KI-Technologien wird es schwierig, diesen Aspekt immer zu erfüllen. Oftmals weiß der Hersteller bei In-Verkehr-Bringen seines Produktes nicht, wie sich das System weiterentwickelt und kann mögliche Konsequenzen in Bezug auf Rechtsgüter Dritter nicht abschätzen. Vorteilhaft erweisen sich die verschuldensunabhängigen Arten der Haftungen gegenüber der verschuldensabhängigen Haftung dahingehend, dass durch sie der Entwickler einen Anreiz bekommt, möglichst risikoarme KI-Technologie herzustellen und somit das Sorgfalt der KI gegenüber den Rechtsgütern Anderer zu steuern. Hingegen eine Streuung des Risikos eher weniger erfolgt, da die Haftung lediglich unter den Herstellern oder Lieferanten verbleibt.[36]

G. Alternative Lösungsvorschläge auf die Haftungsfrage

I. Versicherungslösung

Die Pflicht zum Abschließen einer Versicherung kennt man bereits im Umgang mit dem Kfz-Halterversicherung gemäß §7 Abs.1 StVG i.V.m. §1 PflVG. Hierdurch werden Schäden abgedeckt, die in Verursachung mit dem Betrieb des Fahrzeugs bei Dritten entstanden sind. Diese Art der Haftung kann auch reproduzierend auf die KI, Anwendung findet. Schwierig ist hierbei

---

[35] Vgl. *Borges*, NJW 2018, S.977 (S.981)
[36] Vgl. *Zech*, ZfPW 2019, S. 198 (S. 209-210)

nur, dass ein Anreiz zur Weiterentwicklung der Hersteller, zur Verminderung der Risiken durch die umfassende Abdeckung im Schadensfall durch die Versicherung nicht gegeben ist. Vorteilhaft wäre bei der Versicherungslösung, die Einfachheit im Berufen auf das Ersetzen und Anerkennen des Schadens. Eine genaue Darstellung der kausalen Zusammenhänge des Schadens bedarf es nicht mehr. Es wird davon ausgegangen, dass die Akzeptanz und das Vertrauen in die KI-Technologie mit einer Absicherung im Rahmen der Haftung unter der Bevölkerung steigen würde. Fraglich ist nur, von wem die wiederkehrenden Beiträge für die Versicherungsleistung zu zahlen sind. Angemerkt werden kann hier einmal der Hersteller und der professionelle KI-Betreiber. Damit es seitens der Hersteller noch zu einer Verbesserung und Weiterentwicklung der KI gerade im Hinblick auf die möglichen Risiken der KI kommt, können Prämien- und Beitragssysteme Abhilfe schaffen. Dies könnte zu einer Risikosteuerung seitens des Entwicklers führen. Bei einer Haftung nach dem Beispiel der Kfz-Halterhaftung würde die Risikostreuung nur auf die Anwender der KI fallen. Eine Steuerung des Risikos entfiele. Von einer Ebene zwischen Hersteller und Anwender würde sich die Haftung nun auf die staatliche oder genossenschaftliche Ebene delegieren. Hinsichtlich der Versicherungslösung bedarf es zu klären, welche Schäden durch KI von der Versicherung abgedeckt werden und wer, zur Zahlung der Beträge veranlasst wird.[37]

II. Haftung der E-Person (Künstlicher Intelligenz)

Eine weiterhin diskutierte Lösung in Bezug auf die Haftungsfrage findet sich in der Zurechnung des Schadens durch die fehlerhafte KI-Technologie auf die KI selbst. Die KI würde hierbei mit einer eigenen Rechtspersönlichkeit im Sinne einer natürlichen Person haften für Schäden, die durch sie verursacht wurden. Diese Art der Haftungszurechnung gilt allerdings nach h.M. als nicht überzeugend.[38] Angemerkt wird dennoch, dass gemäß §278 BGB der Vertretende für Schäden haften muss, die durch den Vertreter gegenüber dem Vertragspartner anfallen. Wenn man die KI als Vertretender des Vertreters (Entwickler) ansieht und diese Schäden verursacht, zulasten eines Vertragspartners (Dritten), müsste theoretisch die KI haften, solange sie ihre Vertretungsmacht überschreitet (§179 Abs.1 BGB). Hier könnte die Frage ansetzen, was passiert, wenn die KI, Verhaltensweisen aufzeigt, die nicht im Vorfeld vom Hersteller so vereinbart wurden. Dann würde die KI ihre Vertretungsmacht übertreten, da in diese nur Verhaltensweise reinfallen, die zuvor von dem Hersteller durch den Algorithmus so definiert wurden. Hier lässt sich allerdings anmerken, dass der Hersteller beim Programmieren der sich selbstständig

---

[37] Vgl. *Zech*, ZfPW 2019, S. 198 (S. 215-217)
[38] Vgl. *Zech*, ZfPW 2019, S. 198 (S. 206)

ändernden KI von dem Umstand weiß, dass sich jede autonom verhält. Folglich ist die Frage, inwieweit diese Erkenntnis, die Frage nach dem Überschreiten der Vertretungsmacht, beeinflusst. Dennoch ist nicht alles, was theoretisch möglich ist, auch praktisch umsetzbar. Demnach wird weiterhin die Leistung des KI-Systems auf einen Menschen projiziert und folglich als seine Leistung dargestellt.

H. Fazit

Die Künstliche Intelligenz spiegelt ein Phänomen da, welches aktuell, trotz der Regulierungsversuche für die breite Masse noch nicht ganz greifbar ist. Es wird ersichtlich, dass noch ein langer Weg vor uns liegt, um einen geeigneten Regulierungs- und explizit Haftungsrahmen der KI zu finden, der sich auf eine Vielzahl von Fällen anwenden lässt. Die Künstliche Intelligenz zeigt, dass sie mögliche Lösungen, für eine Vielfalt, auch an alltäglichen Problemen darstellen kann. Sei es in Form des autonomen Fahrens, der Saugstaubroboter oder auch der Navigationssysteme, Künstliche Intelligenz lässt sich auf viele Geschehnisse reproduzieren und folglich anwenden. Die Künstliche Intelligenz versteht sich in der Hausarbeit, als ein selbstlernendes und sich selbststeuerndes System. Es wird deutlich, dass sich aufgrund des Mangels an Transparenz und Verständnis hinter den einzelnen Geschehnissen der KI, viele Probleme darauf warten, in einem Regulierungsrahmen angegangen zu werden. Das Produkthaftungsgesetz versucht bereits, für die Frage nach einer geeigneten Art der Haftung, Abhilfe zu verschaffen. Hierunter wird ersichtlich, dass nach §1 Abs.1 ProdHaftG Schadensersatz zu leisten sei, sofern ein fehlerhaftes Produkt (bereits zum Zeitpunkt des In-Verkehr-Bringens) vorliegt, welches Schäden an den Rechtsgütern des Geschädigten verursacht hat. Folglich hat der Hersteller des Produktes zu haften. Das Wort Produkt fällt besonders in Betrachtung durch die Frage, inwiefern auch eine Software oder eine Dienstleistung davon mitinbegriffen sind. Hier bedarf es einer umfassenderen Regulierung, auch wenn grundsätzlich gesagt wird, dass diese beiden Komponenten ebenfalls vom Produktbegriff des §1 Abs.1 ProdHaftG umfasst werden. Wichtig ist es, eine mögliche Regulierung zu finden, die eine große Bandbreite an Ausbringungsformen und Erscheinungsformen der KI miteinbezieht, damit es möglichst wenig Ausreißer gibt. Unter der Betrachtung der Fehlerhaftigkeit wird auf den Zeitpunkt des In-Verkehr-Bringens abgestellt. Mit dem Hintergrund, dass dieser Zeitpunkt sich allerdings bei KI nicht so einfach reproduzieren lässt, da sich die autonome KI, auch nach dem In-Verkehr-Bringen ändern kann, ist es fraglich, inwiefern es hilfreich wäre, diesen Aspekt gegebenenfalls zu verändern. Auch hier kann wieder eine größere Varianz an Fällen miteinbezogen werden, sofern eben nicht mehr auf den

Zeitpunkt des In-Verkehr-Bringens beharrt wird. Unter der Betrachtung der Haftungsadressaten zeigt sich, dass sowohl die Entwickler- als auch die Anwenderseite auf der Seite der Haftungsadressaten stehen kann. Dass es nicht nur die Produkthaftung gibt, zeigt sich auch dahingehend, dass die Produzentenhaftung nach §823 Abs.1 BGB und die Kausalhaftung häufig diskutierte Betrachtungspunkte in der Darstellung der Haftungsarten abbilden. Vorteilhaft erweist sich die Produzentenhaftung dahingehend, dass sie Produktbeobachtungspflichten, als Verkehrssicherungs- und Ordnungspflichten des Herstellers kennt. Dadurch kann es dem Hersteller gelingen, Fehler seines Produkts schnell zu erkennen und notwenige Aktionen wie (Rückrufaktionen oder Nachbesserungen) zu veranlassen, um eine möglichst geringe Schadensverursachung der Produkte zu gewährleisten. Hier bedarf es zu diskutieren, inwieweit es nicht notwendig sei, diese Maßnahmen auch für das Produkthaftungsgesetz auszugestalten, um gerade bei einer so unsicheren Art von Produkt, wie der künstlichen Intelligenz, Schutz für sich (als Hersteller) und für den Anwender zu sichern. Auch die Untersuchung der Kausalhaftung zeigt, dass es sich hier, ähnlich wie bei der Gefährdungshaftung, um eine relativ Anwenderfreundliche Art der Haftung handelt, da verschuldensunabhängig zu Lasten des Herstellers gehaftet werden muss. Alternative Lösungen in Bezug auf die Haftungsfrage, bilden unter anderem die Versicherungslösung und die Zurechnung des Schadens auf die KI selbst. Die Versicherungslösung für KI wäre ähnlich ausgestaltet wie die Halterhaftung für Kfz. Von wem, die Beiträge zur Gewährleistung der Versicherung im Schadensfall, zuzahlen sind, bedarf es noch zu klären. Auch die Anerkennung des Schadens zu Lasten der KI selbst, erweist sich nach h.M. als noch nicht überzeugend, da die KI noch keine eigene Rechtspersönlichkeit aufweist. Abschließend lässt sich sagen, dass noch einige Baustellen offen sind, die es zu klären bedarf, bevor von einem allgemeingültigen Haftungsrahmen gesprochen werden kann, der Anwendung findet. Die Notwendigkeit der Regulierung zieht sich durch die komplette Arbeit hindurch, damit die Künstliche Intelligenz nicht von einer Möglichkeit, zur Bewältigung gesellschaftlicher und individueller Probleme, zu einer eigenen Problematik wird. Im Fokus sollte bei der Betrachtung der geeigneten Regulierung und vor allem Haftung der KI, immer der Mensch, mit seinen Bedürfnissen und Rechten stehen, die einem allgemeinen, schutzwürdigem Interessen dienen und unterliegen sollten.

I. Literaturverzeichnis

Aufsätze:

Steege, Hans, Auswirkungen von künstlicher Intelligenz auf die Produzentenhaftung in Verkehr und Mobilität, NZV 2021, S. 6-13

Borges, Georg, Rechtliche Rahmenbedingungen für autonome Systeme, NJW 2018, S. 977-982

Bräutigam, Peter/*Klindt,* Thomas, Industrie 4.0, das Internet der Dinge und das Recht, NJW 2015, S. 1137-1142

Hacker, Philipp, Europäische und nationale Regulierung von Künstlicher Intelligenz, NJW 2020, S. 2142-2147

Zech, Herbert, Künstliche Intelligenz und Haftungsfragen, ZfPW 2019, S. 198-219

Unger, Oliver, Grundfragen eines neuen europäischen Rechtsrahmens für KI, ZRP 2020, S. 234-237

Graf von Westphalen, Friedrich, Produkthaftungsrechtliche Erwägungen beim Versagen Künstlicher Intelligenz (KI) unter Beachtung der Mitteilung der Kommission COM (2020) 64 final, VuR 2020, S.248-254

Seehafer, Astrid/ *Kohler*, Joel, Künstliche Intelligenz: Updates für das Produkthaftungsrecht?, EuZW 2020, S. 213-218

Internetquellen:

Plattform Lernende Systeme, KI-basierte Lösungen, Abgerufen Zeit: 01.02.2021, Abgerufen Ort: https://www.plattform-lernende-systeme.de/corona.html

Europäische Kommission, Rede von der Leyens zur Lage der Union, Abgerufen Zeit: 01.02.2021, Abgerufen Ort: https://ec.europa.eu/commission/presscorner/detail/de/SPE-ECH_20_1655